La arquitectura narrativa

Descubre cómo crear historias emocionantes

con ingeniosos giros

Una breve introducción:

¿Alguna vez te has preguntado cómo se crean las grandes
historias?

¿Cómo logran los escritores y cineastas capturar la
imaginación de la audiencia y mantenerla comprometida de
principio a fin?

Si eres un aspirante a escritor, un cineasta o simplemente
alguien a quien le encantan las buenas historias, "La
arquitectura de la narración" es una lectura obligada.

Escrito por un redactor que ha investigado a los mejores
expertos en narración.

Este libro ofrece una visión profunda de la creación de
historias.

A través de un enfoque claro y conciso, aprenderá la estructura narrativa y cómo usarla para crear personajes convincentes, tramas emocionantes y finales satisfactorios.

Con ejemplos prácticos y ejercicios de escritura, podrás aplicar lo aprendido a tus propias historias.

"La arquitectura de la narración" es una lectura esencial para cualquier persona que quiera perfeccionar sus habilidades de escritura y contar historias increíbles.

Imagina un edificio impresionante, con una arquitectura cuidada y detallada…
Cada columna, cada pilar, cada arco ha sido cuidadosamente planeado para asegurar que la estructura sea sólida e imponente.

Ahora, imagina que el edificio no es solo una construcción física, sino una historia.

Así como la arquitectura es el arte y la ciencia de diseñar y construir edificios, la narración es el arte y la ciencia de diseñar y construir historias.

Cada elemento de la historia está cuidadosamente planificado y estructurado para crear una experiencia narrativa inmersiva y atractiva para la audiencia.

La base de la historia es su estructura. Así como los cimientos de un edificio son los cimientos que soportan todo el peso de la estructura, la estructura de un piso es lo que soporta todo el terreno.

La estructura está compuesta por elementos como el principio, medio y final, el conflicto central, los giros y el clímax.

Además de elementos arquitectónicos como columnas y pilares, la estructura de la historia se ve reforzada por personajes y diálogos bien desarrollados.

Los personajes fuertes son como la argamasa que mantiene unidas las paredes del edificio, mientras que los diálogos bien escritos son como los detalles decorativos que marcan la diferencia entre una construcción sencilla y una obra maestra.

Y así como la arquitectura puede evocar emociones en los visitantes de un edificio, la historia puede evocar emociones en sus lectores o espectadores.

La elección cuidadosa de las palabras, la atmósfera creada y la forma en que los personajes reaccionan ante las situaciones pueden influir en el estado de ánimo y las emociones de la audiencia.

Así como la arquitectura bien diseñada es un testimonio de la habilidad y la visión del arquitecto, una historia bien contada es un testimonio de la habilidad y la visión del escritor.

La narración es la arquitectura de la imaginación, donde cada historia es una construcción única e inmortal que puede trascender el tiempo y el espacio y dejar una huella duradera en la mente de quienes la experimentan.

Resumen:

- *Aprende a estructurar tus historias como un profesional*
- *Cree personajes cautivadores que mantengan la atención de la audiencia.*
- *Desarrolle historias apasionantes que lleven al público a un viaje inolvidable*
- *Domina el arte del giro y mantén a tu audiencia enganchada hasta el final*
- *Aprende a crear escenarios y entornos que hagan que tu historia cobre vida*
- *Desarrollar un estilo de escritura cautivador y atractivo.*
- *Descubra cómo usar símbolos y temas para agregar profundidad a su historia*
- *El poder de la combinación: cómo las tres partes del cerebro trabajan juntas para envolvernos en una buena historia.*

- *Consejos prácticos para revisar y editar tu historia para que quede perfecta*

- *Crea un final satisfactorio que deje a la audiencia satisfecha y emocionada.*

Aprende a estructurar tus historias como un profesional

Para estructurar sus historias como un profesional, es importante tener una comprensión clara de los elementos básicos de la narración y cómo encajan en la estructura general de la historia.

Estos elementos incluyen el principio, la mitad y el final de la historia, así como los personajes, el escenario y el diálogo.

Una forma común de estructurar una historia es usar el modelo de "arco narrativo".

Este modelo consta de cinco partes principales: exposición, conflicto, clímax, caída y resolución.

La exposición es donde los personajes y el escenario se presentan a la audiencia, el conflicto es donde se presenta el problema central de la historia, el clímax es el punto culminante de la historia donde se resuelve el conflicto, la caída es donde las cosas se asientan y la resolución es donde termina la

historia.

Otra técnica de estructuración común es el "método del héroe",

que a menudo se usa en historias de aventuras o fantasía.

Este método sigue el viaje del héroe mientras enfrenta

obstáculos y aprende lecciones importantes en el camino.

Es importante recordar que una historia bien estructurada debe

tener personajes desarrollados e interesantes que hagan que

la audiencia se interese por sus viajes.

La elección del escenario también es importante, ya que debe

ser lo suficientemente realista e interesante para mantener a la

audiencia interesada.

La estructuración de una historia debe incluir un comienzo

sólido que capte la atención de la audiencia y un final

satisfactorio que lleve la historia a una conclusión satisfactoria.

La edición y la revisión también son partes importantes de la estructuración, ya que le permiten al escritor refinar la historia para hacerla aún más interesante y bien estructurada.

En resumen, estructurar una historia implica comprender los elementos básicos de la narrativa, usar técnicas de estructuración como el arco narrativo y el método del héroe, crear personajes interesantes y escenarios atractivos, y tener un comienzo fuerte y un final satisfactorio.

Cree personajes cautivadores que mantengan la atención de la audiencia.

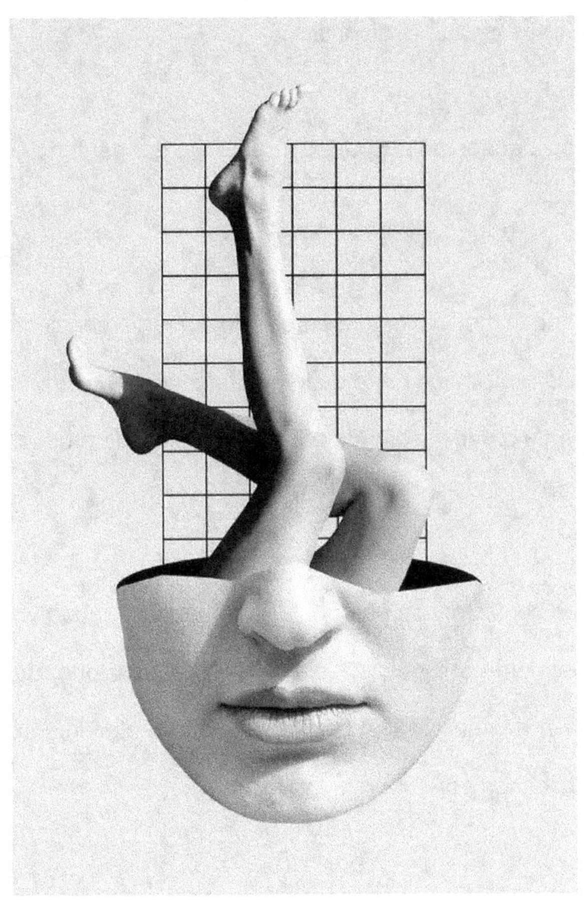

Una técnica efectiva para crear personajes atractivos es desarrollar características y rasgos que los hagan únicos e interesantes para la audiencia.

Aquí hay algunos pasos para ayudarte a crear personajes atractivos:

Identifique la motivación del personaje: cada personaje debe tener una motivación clara de lo que hace y por qué lo hace. Esto ayuda a darle profundidad al personaje y un propósito claro.

Dales un conflicto: Los personajes interesantes deben enfrentar conflictos y desafíos a lo largo de la historia. Esto podría ser en relación con otros personajes o algo interno que están luchando por superar.

Crea una historia de fondo: la historia de fondo de un personaje puede ayudar a moldear su personalidad, motivaciones y comportamientos. Asegúrate de que la historia de fondo del personaje sea consistente con la trama de la historia.

Dales defectos: Los personajes perfectos e impecables pueden ser aburridos y poco realistas. Dale a tus personajes defectos que los hagan humanos y los haga más interesantes para la audiencia.

Crea un diálogo distintivo: el diálogo de tu personaje debe ser distintivo y reflejar tu personalidad y motivaciones. Asegúrate de que el diálogo sea realista y coherente con la historia de fondo del personaje.

Dales un aspecto destacado: la apariencia de un personaje puede ser una forma de diferenciarlo de otros personajes.

Asegúrate de que tu apariencia sea consistente con tu

personalidad y antecedentes.

Al crear personajes entrañables, es importante recordar que

deben ser coherentes con la historia y la trama de la trama.

Los personajes también deben ser únicos e interesantes, con

rasgos que los hagan memorables y atractivos para la

audiencia.

**Desarrolle historias apasionantes que lleven al público a
un viaje inolvidable**

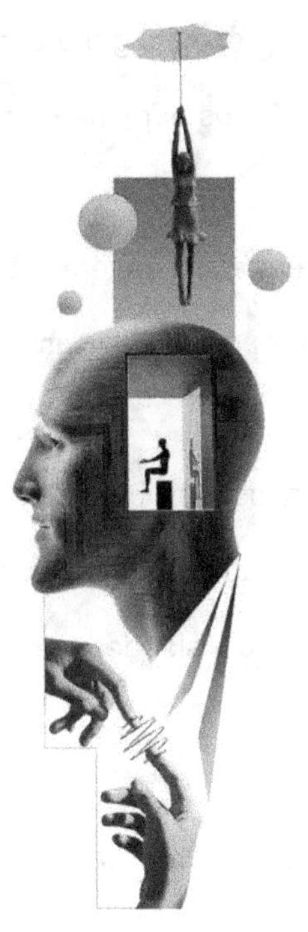

Una técnica para desarrollar tramas emocionantes es crear conflictos significativos que lleven a los personajes a un viaje transformador.

Comience definiendo el propósito general de la historia y los conflictos que enfrentarán los personajes.

Piensa en lo que los personajes quieren lograr y los obstáculos que tendrán que superar para lograr sus objetivos.

Luego agregue capas a los conflictos. Los conflictos deben ir más allá de los asuntos superficiales. Deben ser emocionales y personales, tocando las necesidades y deseos fundamentales de los personajes.

Un buen ejemplo de esto es el conflicto interno del personaje. En lugar de tener que enfrentarse a obstáculos externos, como un villano o una catástrofe natural, el personaje también debe luchar con sus propios miedos, inseguridades y limitaciones personales.

Agregue giros de trama inesperados y sorprendentes.

Esto mantiene a la audiencia comprometida e involucrada emocionalmente en la historia. Los giros también pueden ayudar a desarrollar personajes al desafiar sus creencias y cambiar su comportamiento.

Recuerda que una historia emocional debe llevar a los personajes a un viaje transformador.

Deben salir de la historia cambiados y transformados, habiendo aprendido lecciones importantes y crecido emocionalmente.

Para desarrollar tramas emocionantes, comience definiendo el propósito general de la historia y los conflictos que enfrentarán los personajes.

Finalmente, asegúrese de que los personajes pasen por un viaje transformador, aprendan lecciones importantes y crezcan emocionalmente.

Domina el arte del giro y mantén a tu audiencia

enganchada hasta el final

Un giro en la trama es un momento crucial que puede cambiar completamente la dirección de la trama y sorprender a la audiencia.

Para dominar el arte del giro, es importante seguir algunas técnicas que mantengan a la audiencia interesada hasta el final de la historia.

La primera técnica es la preparación.

Antes de presentar el giro de la trama, es importante preparar a la audiencia para el momento al incluir pistas y elementos de la historia que conduzcan a ese momento.

Estas pistas pueden ser pequeñas referencias a lo largo de la historia, o incluso acciones que parecen insignificantes en el momento pero que adquieren mayor importancia más adelante.

La segunda técnica es la lógica interna de la historia.

El giro debe ser lógico dentro del universo de la historia y no parecer una solución aleatoria o conveniente para un problema.

Esto asegura que el giro sea satisfactorio para la audiencia y no deje preguntas sin respuesta.

La tercera técnica es la emoción. El giro debe ser emocionante y tener un impacto significativo en la historia y los personajes. A la audiencia debe importarle lo que sucede después del giro y cómo afecta a los personajes.

Finalmente, el giro de la trama debe ser un punto de la trama que cambie completamente la dirección de la trama. Esto asegura que la audiencia se involucre al final y esté ansiosa por ver cómo se desarrolla la historia.

Aprende a crear escenarios y entornos que hagan que tu
historia cobre vida

Para crear escenarios y entornos vívidos en su historia, es importante prestar atención a los detalles y crear un sentido de lugar auténtico e inmersivo.

Aquí hay algunas técnicas para ayudar a dar vida a sus configuraciones y entornos:

Investigación: Investigue sobre el entorno en el que se desarrolla su historia, ya sea histórica o contemporánea. Preste atención a detalles como el clima, la geografía, la arquitectura y la cultura local.

Use los sentidos: incluya descripciones sensoriales para ayudar al lector a visualizar y sentir el escenario de la historia.

Describir los olores, sonidos, texturas y sabores.

Personificar el entorno: Asignar características humanas a los elementos del entorno.

Por ejemplo, describa los árboles como "orgullosos" o el viento como "juguetón". Esto ayuda a darle a la habitación un sentido de personalidad.

Use un lenguaje apropiado: use un lenguaje que refleje el entorno y el entorno.

Por ejemplo, si la historia tiene lugar en una ciudad moderna, utiliza un lenguaje más directo y contemporáneo. Si la historia tiene lugar en un escenario histórico, use un lenguaje más formal y formal.

Muestre, no cuente: en lugar de simplemente describir el entorno, muéstrelo a través de las acciones y reacciones de los personajes.

Por ejemplo, si un personaje está caminando por un bosque denso, señale la dificultad que tiene para moverse entre los árboles y el sonido de las ramas rompiéndose bajo sus pies.

Utilice el entorno para impulsar la historia: utilice el entorno y el entorno para ayudar a impulsar la historia y los personajes.

Por ejemplo, use el clima para generar tensión o use la arquitectura para ayudar a revelar información sobre los personajes.

Mediante el uso de estas técnicas, puede crear escenarios y entornos auténticos y atractivos que ayudarán a que su historia cobre vida para el lector.

Desarrollar un estilo de escritura cautivador y atractivo.

Desarrollar un estilo de escritura cautivador y atractivo puede

ser un proceso desafiante, pero con práctica y dedicación,

puede mejorar sus habilidades de escritura.

Aquí hay algunas técnicas para ayudarlo a desarrollar un estilo

de escritura que cautive e involucre a sus lectores:

Encuentra tu voz: encuentra tu voz única como escritor.

Escribe con autenticidad y muestra tu personalidad a través de

tu estilo de escritura.

Use un lenguaje apropiado: use un lenguaje que refleje a su

público objetivo. Usa términos apropiados al tema tratado y usa

un tono apropiado para el género literario que estás

escribiendo.

Mantenga la consistencia: mantenga la consistencia en su estilo de escritura, estructura y voz narrativa. Esto ayuda a mantener al lector inmerso en la historia.

Use técnicas literarias: use técnicas literarias como la metáfora, el simbolismo y la ironía para hacer que la escritura sea más rica y atractiva.

Revisa y edita: revisa y edita tu trabajo con frecuencia. Esto ayuda a refinar el estilo de escritura y mejorar la calidad de la historia.

Mediante el uso de estas técnicas, puede desarrollar un estilo de escritura cautivador y atractivo que mantendrá la atención de su audiencia y hará que quiera leer más.

Los grandes escritores desarrollan sus estilos de escritura a través de una combinación de factores como la práctica, la lectura, el estudio y la experimentación. Aquí hay algunas formas comunes en que los escritores desarrollan su estilo:

Práctica: La práctica es una de las principales formas en que los escritores desarrollan su estilo. Cuanto más escriben, más identifican sus fortalezas y debilidades y perfeccionan sus habilidades. Con el tiempo, pueden desarrollar una voz y un estilo propios.

Lectura: La lectura es otra forma importante en que los escritores pueden desarrollar su estilo. Al leer una variedad de autores y géneros, los escritores pueden estudiar diferentes técnicas de escritura y desarrollar una comprensión más profunda de los matices del idioma.

Estudio: los escritores pueden estudiar técnicas específicas de escritura, gramática y estilo para perfeccionar sus habilidades. También pueden estudiar la historia de la literatura y comprender cómo diferentes autores han influido en el desarrollo de la escritura a lo largo del tiempo.

Experimentación: los escritores pueden experimentar con diferentes estilos, géneros y técnicas de escritura para encontrar lo que funciona mejor para ellos. También pueden experimentar con diferentes formas de narración, como la escritura en primera o tercera persona, y diferentes estructuras de historias.

Comentarios: al obtener comentarios de otros escritores y lectores, los escritores pueden identificar áreas en las que necesitan mejorar y descubrir cómo otros perciben su estilo.

Los grandes escritores desarrollan su estilo de escritura a través de una combinación de práctica, lectura, estudio, experimentación y retroalimentación.

El desarrollo del estilo es un proceso continuo que puede llevar años, pero se puede mejorar con dedicación y esfuerzo.

Descubra cómo usar símbolos y temas para agregar profundidad a su historia

Imagina que tu historia es como una pintura, y los símbolos y temas son las pinceladas que agregan profundidad y textura a tu obra de arte.

Los símbolos son como colores que representan ideas y emociones, mientras que los temas son como patrones que conectan colores y crean una imagen más grande.

Para usar esta técnica, comience seleccionando los símbolos que mejor representen el tema principal de su historia.

Por ejemplo, si tu tema es el amor, elige símbolos como corazones, flores, anillos, etc.

Luego use estos símbolos en momentos clave de la historia para enfatizar y profundizar el tema.

Por ejemplo, usa un corazón roto para mostrar el dolor de un personaje después de una ruptura, o una rosa roja para simbolizar la pasión ardiente entre dos amantes.

Además, use temas que conecten los símbolos y la historia general.

Por ejemplo, si el tema de la historia es sobre la redención, use un patrón de transformación para mostrar cómo evoluciona un personaje y encuentra la redención.

Desarrollar tramas secundarias: Las tramas secundarias son historias paralelas que se relacionan con la trama principal. Se pueden utilizar para explorar temas secundarios que complementan el tema principal.

Al usar símbolos y temas en su historia, crea una capa adicional de significado y profundidad que puede hacer que su trabajo sea aún más atractivo y emocionante.

¡Recuerda ser creativo y usar tu imaginación para encontrar los símbolos y temas que mejor representen tu historia!

El poder de la combinación: cómo las tres partes del cerebro trabajan juntas para envolvernos en una buena historia.

Hay tres partes del cerebro que se utilizan para contar historias, que son:

Corteza prefrontal: Es responsable del pensamiento crítico y la toma de decisiones. Es donde se forman las ideas principales y donde se decide el curso de la historia.

Sistema límbico: es el responsable de las emociones y la memoria emocional. Es donde se forman los lazos emocionales entre la audiencia y la historia.

Corteza sensorial: Es responsable de los sentidos como la vista, el oído, el tacto, el gusto y el olfato. Es donde se procesan las imágenes y los sonidos de la historia y se crea una experiencia sensorial para la audiencia.

La corteza prefrontal es la región del cerebro responsable de funciones cognitivas complejas como el pensamiento crítico, la toma de decisiones y la planificación. Cuando estamos expuestos a historias, esta región del cerebro se activa intensamente, ya que es la encargada de interpretar los significados y mensajes detrás de la narración.

Al activar la corteza prefrontal, las historias pueden evocar emociones, crear empatía y transmitir ideas de manera mucho más efectiva que la simple exposición a hechos e información. Además, esta región del cerebro es crítica para el aprendizaje, lo que explica por qué las historias son tan efectivas para enseñar conceptos y valores.

La investigación muestra que la activación de la corteza prefrontal durante la exposición de la historia es tan intensa que las personas pueden sentir físicamente las emociones de los personajes y experimentar la trama como si estuvieran participando en ella. Esto hace que la experiencia de leer un libro o ver una película sea mucho más atractiva y memorable que simplemente estar expuesto a información y hechos aislados.

El sistema límbico se activa mediante el procesamiento emocional y se encarga de regular las emociones, la motivación, la memoria y el aprendizaje.

Cuando se cuenta una historia, se activan varias áreas del sistema límbico, como el hipocampo, que se encarga de formar los recuerdos, la amígdala, que se relaciona con el procesamiento emocional y la regulación del miedo, y el núcleo accumbens, que se relaciona con la recompensa. y placer

Estas áreas del sistema límbico se activan en respuesta a los elementos emocionales de la historia, como conflictos, giros en la trama y personajes entrañables. Esto puede generar una respuesta emocional de la audiencia y una mayor conexión con la historia y sus personajes.

Finalmente, la corteza sensorial es activada por la imaginación, razón por la cual las historias tienen tanto impacto en ella. Cuando escuchamos una historia, nuestro cerebro comienza a crear imágenes mentales en respuesta a las palabras y descripciones que estamos escuchando. Por ejemplo, si una historia describe una escena en un jardín de flores, la corteza sensorial comienza a crear imágenes de las flores y el aroma que podríamos oler en ese entorno. Esto se conoce como imágenes guiadas.

Un estudio de la Universidad de Emory encontró que la activación de la corteza sensorial durante la narración de historias es similar a la activación que ocurre cuando una persona realmente experimenta una experiencia sensorial.

Esto significa que cuando estamos leyendo o escuchando una historia, nuestro cerebro no solo está creando imágenes mentales, sino que también está activando los mismos circuitos neuronales que se activarían si realmente estuviéramos experimentando las sensaciones descritas en la historia.

Pero ¿Por qué es importante?

Porque activar la corteza sensorial nos hace más comprometidos con la historia y nos ayuda a conectarnos emocionalmente con los personajes y eventos de la narración. Cuando sentimos las mismas emociones y sensaciones que están sintiendo los personajes, nuestra empatía e identificación con ellos aumenta, lo que nos hace querer seguir leyendo para saber qué sucede a continuación.

Ejemplo:

Supongamos que estás leyendo un thriller. El autor describe una escena en la que el personaje principal es perseguido por un asesino. La descripción es tan vívida y detallada que comienzas a sentir que tu propia respiración se acelera y tu corazón late más rápido, como si también te estuvieran persiguiendo. Estás tan atrapado en la historia que no puedes dejar de leer hasta que descubres si el personaje principal logra escapar del asesino.

En resumen, la activación de la corteza sensorial por las historias es un fenómeno interesante e importante de entender para los escritores y narradores. Cuando se usan correctamente, las imágenes guiadas pueden llevar al lector a través de una experiencia sensorial completa, haciendo que la historia sea más atractiva y emocionante.

Consejos prácticos para revisar y editar tu historia para que quede perfecta

Revisar y editar su historia es una parte crucial del proceso de escritura. Aquí hay algunos consejos prácticos para ayudarlo a perfeccionar su trabajo:

Tómese un tiempo antes de revisar: después de terminar de redactar su historia, tómese un tiempo antes de comenzar a revisar.

Esto le ayudará a ver la historia con ojos más frescos e identificar las áreas que necesitan mejorar.

Lee en voz alta: leer tu historia en voz alta te ayuda a detectar la fluidez y los errores gramaticales que pueden pasarse por alto al leer en silencio.

Además, ayuda a evaluar el ritmo de la historia y detectar partes que se pueden revisar.

Haz un repaso general: Haz un primer repaso general para identificar y corregir errores de gramática, ortografía y puntuación.

Asegúrese de que la historia tenga sentido y que la información sea clara.

Verifique la estructura de la historia: asegúrese de que la historia tenga una estructura clara y cohesiva.

Asegúrate de que las escenas se conecten bien y que la progresión de la historia sea lógica.

Analizar el desarrollo del personaje:aviso si los personajes están bien desarrollados y si sus acciones y discursos son consistentes con su personalidad.

Elimina información innecesaria: información o escenas innecesarias pueden estar arrastrando la historia o no agregando nada nuevo.

Pida opiniones: Pida a otros sus opiniones sobre su historia, esto puede ayudar a identificar áreas que necesitan más trabajo o que necesitan aclaración.

Leer de nuevo: Después de revisar y editar la historia, léala de nuevo para asegurarse de que todo esté como debe estar.

Recuerde que la revisión y edición son procesos importantes para mejorar su historia. No tenga miedo de hacer muchas revisiones y pedir ayuda cuando sea necesario.

Con estos prácticos consejos, puedes convertir tu historia en una obra maestra.

Crea un final satisfactorio que deje a la audiencia satisfecha y emocionada.

Para crear un final satisfactorio para una historia, es importante

tener en cuenta las expectativas de la audiencia y el mensaje

que desea transmitir. Es fundamental que se resuelvan todos

los problemas principales y que las tramas secundarias tengan

un resultado coherente.

Una técnica común es utilizar la "resolución emocional" para

dar a la audiencia una sensación de cierre emocional,

resolviendo los conflictos internos de los personajes y

transmitiendo el mensaje final. Otra técnica es el "giro final",

que es un giro sorprendente que resuelve la trama de una

manera única e inesperada.

Además, es importante elegir el tono adecuado para el final de

la historia. Si la trama es dramática, puedes optar por un final emotivo y reflexivo. Si se trata de una historia de aventuras, un final emocionante y satisfactorio podría ser más apropiado.

Finalmente, es fundamental que el final de la historia refleje el viaje de los personajes y el mensaje que se quiere transmitir. La audiencia debe dejar la historia con una sensación de satisfacción y una sensación de conclusión satisfactoria.

A lo largo de los capítulos de "*La arquitectura narrativa*", aprendemos técnicas y estrategias para crear historias atractivas y emocionantes.

Comenzando con la importancia de comprender la anatomía de la historia y la estructura básica que la sustenta, a través de la creación de personajes cautivadores y tramas intrigantes, y llegando al arte de crear giros sorprendentes y finales satisfactorios.

También aprendimos cómo desarrollar un estilo de escritura atractivo y cómo usar símbolos y temas para agregar profundidad y significado a la historia. Y para asegurarnos de que nuestra historia sea lo mejor posible, aprendimos consejos prácticos para corregir y editar nuestro trabajo.

Al final, está claro que crear una historia inolvidable no se trata solo de contar una historia, se trata de comprender el viaje por el que queremos llevar a nuestra audiencia. Se trata de crear personajes que se sientan reales, tramas desafiantes y atractivas, y finales que satisfagan nuestras expectativas emocionales. Al aplicar las técnicas y estrategias presentadas en este libro, podemos convertirnos en mejores y más efectivos narradores y llevar a nuestros lectores a un viaje inolvidable.

www.ingramcontent.com/pod-product-compliance
Lightning Source LLC
Chambersburg PA
CBHW061526250726

48657CB00005B/2099